햇살 가득한 쥐구멍

전명길 시집

태평양저널

햇살 가득한 쥐구멍

시인의 말

유구한 세월을 살아온 우리 민중들은 있는 듯 없는 듯 각자의 자리에서 들풀처럼 자라 쓰러지면 다시 일어났고 밟히면 더욱 굳세어지고 꺾이면 꺾인 그 자리에서 더 많은 새 순으로 돋아나 이 땅위에 이름도 없이 흔적도 없이 생명을 이어오며 문명의 기반으로 문화의 주체로 연연히 삶을 이어왔다.

볕이 들어오지 않는 쥐구멍에도 어느 때가 되면 밝은 햇살이 비춰 오리라는 것을 염원하여 민중의 삶에 햇살 같은 희망, 희망 같은 햇살이 가득히 비춰 오길 바라면서 이 시집을 낸다.

2007. 12　全明吉

축간사

그늘과 햇살의 조화로

최세균(시인)

전명길 시인은 웃음소리가 크지 않다.

시인이 되기 전에도 그랬고 시인이 되고 나서도 그렇다.

늘 웃지만 늘 웃다가 마는 것처럼 보인다.

그리고는 이내 진지해진다.

어쩌면 이내 울고 있는지도 모른다.

그는 항상 웃지만 항상 우는 시인 같다.

그는 그렇게 늘 웃는다.

그 모습이 내게는 시처럼 보인다.

그는 식사량도 적지만 말수도 적다.

그 적음 속에는 늘 많은 것을 생각하고 있는 것은 아닐까 그리고 이내 그 생각들을 글로 쏟아 내는 것 같다.

그 그늘진 듯한 웃음과 들릴 듯 말 듯한 음성의 깊은 속이 궁금해질 만큼 그는 그 안에 많은 것을 가진 사람처럼 보인다.

어린 시절 시골에 살 때 어른들이 밭둑에서 쥐구멍을 파헤치는 걸 본 일이 있다.

그 구멍은 깊기도 깊어 파내기도 힘들지만 놀라운 것은 어쩌면 그리도 많은 곡식들을 물어다 쌓아 놓을 수 있었느냐 하는 것이다.

어떤 굴에서는 콩이 서너 말이나 나오기도 했다.

이번에 나오는 시집을 통하여 전명길 시인도 우리를 그렇게 놀라게 한다.

시집 제목이 『햇살 가득한 쥐구멍』이다.

여기서 쥐구멍은 가정과 직장과 교회를 오가며 바쁘게 그리고 성실하게 살아가는 그가 웃음으로 다 웃지 못하고 말로 다하지 못한 것을 알곡 같은 시들로 저장해 놓은 땅 속 깊은 곳의 그만의 문학창고일 것이다.

사랑, 믿음, 평화, 덕, 인정 등 이런 것들은 돈으로 살 수 없는 보화들이지만 그 많은 보화를 가졌음에도 이 땅의 가난한 사람들은 가난을 범보다 무서워했다.

염병보다 무섭다는 그 가난 때문에 한번만은 비켜가고 싶고, 한번만은 벗어나고 싶어 안간힘을 쓰지만 햇살이 들어오기에는 너무나 깊은 쥐구멍 속에서 오랜 세월 처박혀 있다가 햇살 한 모금 못 마시고 사라진 것들이 이 땅에는 너무나 많다.

시인은 그런 것들에게 햇살을 공급하고 웃음꽃이 피어나게 한다.

기회의 균등을 찾는 걸까
얼마나 벗어나고 싶으면
속담이 되어
쥐구멍에도 볕들 날 있다고 했을까

애초부터 일류 인생

이류 인생 따로 정해져 있나
일류의 도약을 꿈꾸는 이류에게
기회는 쉽사리 찾아오지 않았다
한 번은 벗어나고 싶다고
한 번만은 비켜가고 싶다고
범보다 무서운 가난을
염병보다 무섭다는 가난을
대물림하지 않으려고
민중들이 외친 한탄의
그 무엇이 있었나
갈망하는 그들에게
언제나 햇살이 가득하여라

—「그 얼굴에 햇살을」 전문

다른 사람이 볼 수도 없고 보려 하지도 않는 쥐구멍 속의 보화들을 위하여 가득한 햇살을 허락한 전명길 시인의 시집 출간을 축하한다.

차례

2부 세월

3부 절름발이 난을 위하여

4부 복제 인간

1부 그리운 사람들

고향

인터넷 검색 단어
경기도 가평군 하면 마일리를 치면
30년 전에 떠나온 고향을 만나게 된다
동화 속 그림 같이 펼쳐진 마을을 가로질러
흐르는 실개천엔 새벽 물안개가 피어오르고
한 많은 소쩍새 울어 진달래 피고
봄 계곡 불붙듯 번져간 철쭉은 무엇을 선동하려고
숲 속 반란을 일으키며 계곡을 뒤흔들었느냐
6월 밤꽃 향기 날릴 때 알았지
알밤을 줍는 추억은 덤이라고
송진 내음 머금은 잣나무 숲에서 바람이 분다
천 미터 매봉산을 타고 넘은 아침 햇살은
오늘도 마을에 머물다 노을 되어 지건만
함께 뛰놀던 동무들은 간 곳이 없고
두 칸 교실로 명맥을 유지해 오던
초등학교 마일분교는 문을 닫은 지 오래
천진스럽던 아이들의 웃음만
빈 교정에 메아리처럼 떠돈다
타향살이에 지친 마음이
모니터 속 고향을 만나는 위로에
오늘을 살아가는 힘을 얻는다

어머님의 추억

아직도 잠들지 않은 30촉 알전구가 빛을 낸다
바느질감을 한 아름 안은 어머니는
깊은 밤 고단한 화롯불을
헤치며 인두를 굽고
자정이 넘어서도 끝나지 않는
어머니의 하루가 졸고 있다

열여덟에 시집오셔
밭일 논일 평생 마르지 않던 손
팔 남매를 낳아 사 남매 건지시고
평생 그 놈들 잘되라고
살다 가신 어머니

곁에 계실 땐 몰랐는데
어머니 떠난 빈자리가
이리도 시린 겨울밤
어머니 계신 나라에도
이 밤을 밝히는 불빛이 당겨지고
고단하지 않은 어머니가 웃음 짓고 계시겠지

진달래꽃

분홍치마
휘감아 두른 산자락에
봄소식을 알리려고
연분홍 진달래꽃 피었다

옛날
우리 할머니들의 어린 아이 때 봄에서
어머니 가슴에
불 지피고
지금도 활화산 같이
내 누이
마흔 가슴에 타고 있는
연분홍 진달래꽃

딸아이의 옷

하루가 다르게 크는 아이
먹을 것은 무엇이고 입으로 가져간다
몇 안 되는 옷가지마다 간물이 들어
모처럼 외출을 서두르는 제 엄마를 당황케 했다

옷가게 앞을 지날 때마다
유리창 안에서는 딸아이가 웃고 있다

얄팍한 내 지갑을 의심하며
가게 안으로 들어서
옷걸이에 걸린 옷마다
아이의 얼굴을 포개어 보다가
집에서 본 것과 비슷한 옷 한 벌을 사들고
집으로 돌아와 아내의 표정을 살피며
공치사를 하다가 무안해진 나는
아이 옷 고르기는 정말 힘들어……
말꼬리를 감추며 웃어버렸다

안산행 전철

금정역 플랫폼에서 전철을 타면
어디선가 한 번은 본 듯한 사람들과
그리 낯설지 않은 억양의 연변사투리
안산역을 찾아가는 사람들이다
알지는 못해도 안산행을 함께 타고
간다는 것 때문에 반가운 사람들

전철에 몸을 싣고 산본을 지나
어둡던 터널을 빠져나오면
창밖엔 논과 밭의 넉넉함과
푸른 소나무 숲의 한가로움이
도심 속의 답답함을 털어낸다

고향을 떠나와
정붙이고 살다보니
내게도 이웃이 생기고
타향 아닌 고향이 되었다
주말 저녁 늦은 전철을 타면
고향으로 돌아가는 기분이 든다

<1995년작>

어머니의 유월

참나무 잎새가 넓어집니다
검푸른 보리수나무는 꽃이 핍니다
피난길에 배고팠던 유월
보릿고개 서러웠던 유월
어머니의 유월은 그렇게 시작되었습니다

철없이 자라나는 옥수수는 그 키를 재고
더위는 여름을 향해 치닫는 데
논일 밭일 품앗이 하루도 쉬는 날 없이
끝없이 이어지던 농사일
모두다 어머니의 유월이었습니다

요즘은 TV연속극만 보셔도 눈시울이 붉어져
쇠잔한 몸에 마음까지 약해지는지
북에 남겨진 동생들 생각이 그립다며
통일을 향한 간절한 기도가
올해도 유월의 태양을 달굽니다

* 어머님은 그토록 그리던 8남매 형제자매도 만나지 못하시고 통일도 고향도 다시 보지 못한 채 한 많은 81세의 삶을 일기로 2004년 가을 어머니가 영접한 하나님의 나라로 가셨다.

태백산자락 정노인

압록강 국경마을 혜산*이 고향이라는 정남주 선생
일정 시대 때 사범학교 나와 선생 일도 해보고
1·4 후퇴 때 국군 따라 피난 내려와
결혼도 않고 홀로 떠돌다 머무른 태백산자락
감자 몇 가마와 약초, 도라지 두어 이랑이
일 년 농사 전부라고 칠순이 넘은 노구
군불을 지피며 저녁연기 매움인가
고향 얘기 끝날 때쯤 눈물이 고인다
방안에는 평생 쓰인 글 보퉁이가 먼지에 쌓여
시렁 위에서 불편한 잠을 잔지 몇 해
통일이 되면 그 놈을 안고 고향으로 돌아가
헤어진 형제들을 만나는 게 소원이란다
늦은 이 밤까지 라디오를 듣고 있는 것은
번잡한 세상 속을 오가며 고향 가는 길을 묻고
또 헤어진 사람들을 찾는 지도 모른다

* 혜산은 압록강 상류 삼수갑산이라고 하는 지명에서 그리 멀지 않는 압록강 기슭의 군 단위의 지명이다.

고잔들*

지금은 사라진 마을 도리섬 붉은섬
판잣집 가득하던 낮은 언덕
풍물처럼 남았던 연탄가게는
그 곳 겨울의 길목에서 사라졌다

협궤열차 기적소리
하루를 열던 사람들이
개발의 새벽이 다가오자
마지막 닫혔던 빗장을 풀고
태 묻은 고향을 떠나야 했다

가물치 호수 가득 잠기던 오후
바닷물 넘실거리던 염전 터
황금물결 춤추던 가을의 논

이제는 그 모든 것들을 추억하며
개발이 남긴 메마른 빌딩 숲을 거닐며
우리는 또 하나의 고향을 잊어야 한다

* 안산 고잔 신도시 지역은 갯벌을 개간하여 농경지와 저수지 염전 터가 있던 곳이다. 작은 둔덕 돌이섬 붉은섬에는 사람이 살던 곳이었다.

가정

집으로 돌아오는 밤마다
불이 당겨지지 않은
캄캄한 창문을 본다
굳게 잠겼던 현관문을 풀고
방으로 들어갔다
온종일 환기가 되지 않아
메케한 공기를 마신다
이내 익숙했다
습관대로 TV에 손이 갔다
보든 말든 TV는 혼자 지껄인다
하루 동안 친숙했던 옷을 벗어 던지고
마른 빵 조각을 씹다가
나뒹구는 지난 신문을 읽는다
TV 리모컨을 찾아 검색을 한다
누가 나오던 재미만 있으면 된다
눈은 고정하고 호흡만 이어 간다
지루해지기도 전에 잠에 빠진다
잠이 깼다
아직도 TV는 혼자 깜빡인다
사람이 그립다

개똥벌레 추억

무슨 냄새가 난다고 했지만
다행히 개똥냄새는 나질 않았다
꽁무니에서 불을 밝혔지만
뒤로 날지도 않았다
"개똥벌레 뺌뺌, 개똥벌레 뺌뺌"
연신 입소리를 내며 뒤를 따라가
낮게 날고 있는 놈을 잡아
호박꽃에 넣어 등불을 만들었지만
우리 중 아무도 글을 읽는다는
생각은 하질 않았다
짓궂게도 발광하는 꼬리를 잘라놓으면
이내 불빛은 사그라졌다
그저 불빛이 신기했을 뿐
죄의식도 없었다

시간은 흘렀어도 불빛은 내 기억 속에 빛나고
개똥벌레는 내 마음속에서 여전히 날고 있다
이제는 호박꽃 등불보다 더 큰 등불을 찾아
분주히 나서야하는 내 나이 마흔을 넘겼다

다해야 너는 알지

다해야 너는 알지
아빠의 변하지 않은 꿈
아빠가 자란 시골로 가서
소치고 닭 기르며 사는 것
농촌은 언제나 돌아가고픈 우리 마음의 고향
언제부턴가 소치고 밭 갈 땅은 없어지고
전국이 온통 땅투기장으로 변해 있구나

다해야 너는 그림 그리기를 좋아하지
아빠의 꿈을 한 장 그려다오
푸른 초원 위에 집이 있고
그 집 앞으로 송사리 노니는 실개천이
하나 흘렀으면 좋겠다
정원엔 꽃을 심어
봄부터 가을까지 철마다 꽃이 피고
텃밭엔 아욱과 고추 들깨모종을 하고
울타리엔 앵두나무와 포도 몇 그루를 심고
해마다 누렁이가 새끼를 낳아
그것으로 너희들 학비도 마련하고
그렇게 아빠가 돌아가고 싶은 꿈을
너의 흰 도화지 위에 그려다오

강물이 흐른다

그대 울며 숨죽이던
하루의 고달픈 몸짓
잠자는 영혼의 언덕에
강물이 흐른다

여울지는 심장의 고동소리
춤추는 어깨
그 너머에
강물이 흐른다

어머니 품속 같이
넓고 깊은 내 가슴의 벽에
흐르는 눈물 너의 볼을 묻고
강물이 흐른다

해맑지도 않은 하늘처럼
태양을 받은 인고의 여정에
안식과도 같은
강물이 흐른다

질경이처럼

너와 나
우리들은
악바리가 되어
밟고 지나간 자리에서
밟히면 더 많은 싹으로 돋고
짓눌리면 더 억세지는
질경이처럼 살아와
꽃이 되어 피었다
화사하지도 않고
향기도 없지만
있어야 할 자리에서
저마다 토양을 살찌우고
그 땅에 씨를 뿌려
하늘의 은혜를 받아
추운 겨울이 지난 이듬해
다시 파란 싹을 틔어 꽃으로 핀다

시장에 가면

신 씨네* 집 장닭보다 먼저 일어나
아침을 열은 사람들이 모인 곳
매봉산**을 사르고 찾아온
여명보다 먼저
아침을 열어 가는 이들이
살아가는 새벽시장
- 무기력하고 재미없다는 사람들에게
활어 같은 삶이 꿈틀거리는
시장에 가보라고 한다
바다에서 헤엄치다 달려온 것들
산에서 밭에서 하늘보고 별보고
새벽이슬 맞다가 도시가 보고파 올라온
푸성귀들이 모인 시장에는
밑천이라곤 전대보다
부지런함이 전부였을 그들이
입담 좋게 살아가는 시장
나는 그 곳에 가면 생명력이 있어 좋다

* 신 씨네 고향 마을 인심 좋고 부지런한 친구 관철네.
** 매봉산은 우리 고향마을에 높이 929미터의 높은 산.

법성포

아침이면 고깃배 줄지어 출항하는
갯내음 절은 포구
법성포 앞 바다로 사해의 조기가 몰려가고 싶은
충동을 느끼는 명절이 1년에 두 번
올 설에도 법성포 앞 바다로
이마에 다이아몬드 문양을 새겨 달은
조기들이 몰려왔다
조기가 생선 중에 가장 귀한 족속으로
대접받게 된 것은
아마도 차례 상에 올려 진 때부터일 것이다
국산 천일염에 소금찜질하고
발에 엮이어 바람 쐬고 물기 뺀 조기는
유통업자의 냉동 창고에서 대목장을 보기위해
더 마르지도 더 얼지도 않은 채
몸매관리에 들어갔다
연일 법성포를 드나드는 전국의 상인들은
더 좋은 굴비를 찾겠다고 아우성이고
값을 더해가는 굴비 덕에 이 곳 어부들은
다시 한 해를 살아갈 힘을 얻는다

형님 묘소에서

2년 전 가을
치매 앓는 어머니 뒤로 하고
형님이 먼저 돌아가셨다

올가을
어머니마저 하늘나라로 떠나시니
유언대로 화장하여 산에 뿌렸다

한동안 형님 묘소 찾는 걸 잊고 살다가
세밑에 찾아가 국화꽃 한 묶음을 드리고
어둠이 오기 전 산을 내려오는데
뭔지도 알 수 없는 생각들이
국화꽃 다발처럼 묶여
머리에 꽉 차올랐다

그믐달이 얼굴을 내밀 세밑은
너무도 허전하였다

어머니의 촛불

흰 치마에 저고리를
목이 잘록한 곳까지
치켜 올리고
미끈한 허리는
한참을 올려다보아도
풀리지 않는 눈길을 모은다

끝없이 끝없이
자신을 부인하는 가슴앓이로
눈물샘이 다 마를 때까지
온몸을 불사르며 타오를 때
나는 당신의 영혼까지
타고 있음을 보았습니다

어머니의 촛불은
존재의 근원조차도
나를 위한 아픔이었음을
당신의 몸이 다 타고 없어지고서
이제야 알 듯합니다

뼈다귀 해장국

돼지 등뼈와 우거지가 만나
밤새워 찜통 안에서
온탕 찜질을 하고 나니
뼈다귀 해장국집에는
안개가 자욱한 새벽이 오더라
주먹만 한 감자를 넣고 끓인 것은 감자탕
기호 따라 입맛 따라 해장국을 먹지만
국 한 사발에 공기 밥이 하나면
기본으로 소주 몇 잔을 비운다는 사람들
뼈다귀 이 틈 저 틈 숨바꼭질하듯 박힌 고기가
사람을 부르는 재주가 있나 보다
골목마다 배를 쥐고 돌던 사람들이
시원한 국물로 속 풀이를 하려고 머무는 집
손님은 이야기를 꺼내놓고
할머니는 뜨끈한 해장국을 떠놓고
식당 안에는 얼큰한 이야기 국이 끓고 있다

별밤과 찐 옥수수

늦더위가 가시지 않아
마당에 돗자리를 펴고 누워
아이들과 함께 밤하늘을 바라보는데
하늘에선 별을 찾을 수가 없었다
아빠 어렸을 때는 저녁 먹고 멍석에 누워
밤하늘을 바라보면 별이 얼마나 많았던지
불꽃놀이하는 것처럼 무수히 많은 별이
금방이라도 쏟아져 내릴 것만 같았단다
은하수라는 게 있는데 크리스마스 때가 되면
교회나 백화점 앞 나무에 작은 꼬마전구를
수천수만 개씩 걸어놓은 것처럼
한때의 별무리가 물결을 타고 흐르는 것을 보았단다
밤 시장을 다녀오는 아내가 길에서 샀다며
찐 옥수수가 담긴 비닐봉지를 내려놓았다
언제부터인가 삶은 고구마나
찐 옥수수를 먹으면
속이 편치 않아 먹지 않았다
순간 어린 시절 여름이면 마당에
멍석을 깔고 누워 밤하늘의 별을 세며 먹던
찐 옥수수가 생각이 났다

친구야

바다를 건너와 우리 것이 되어버린 소주나 맥주보다
자기 고향 같은 막걸리를 좋아하는 친구 - 김중대
우리가 처음 만난 건 24년 전 해안 경비병 시절
너는 위병소 근무 나는 대공초소 근무를 했지

고혈압이란 단어조차 모르고 살던 네가
그 날 아침도 공장에서 철야작업을 마치고
수원터미널에서 횡단보도를 건너려고 섰다가
머리가 핑 돌고 뒷목이 뻣뻣함을 느끼는 순간
도로가 솟아오르고 건물이 흔들리는
환상을 보며 쓰러져 병원으로 실려가
한 달간 입원을 했다가 퇴원을 했다고 했지
그 때만 해도 전화가 흔치 않던 시절
우리 집엔 전화가 없어 내게 알리지도 못했고

몇 해 전 다니던 회사가 임금을 체불했을 때
출근을 거부하는 투쟁을 벌인 끝에 밀린 월급을 받았고
사주는 사태 전환을 위해 주동자 해고를 시킨다고 할 때
동생 같은 후배들은 계속 근무를 해야 한다며
대신 총대를 메고 공장을 나왔다는 말을 하면서 웃는
너의 얼굴에서 눈물 없이 흐르는 설움을 나는 보았다
열 명도 안 되는 공장에서 무슨 쟁의를 했겠냐?
상세한 설명은 하지 않았어도 나는 너를 잘 알지
그 때부터 너는 푸른 잎 지폐 몇 장을

주는 곳이라면 어디든 마다 않고
도로공사 현장으로 건축 공사장으로 막일을 다녔지
나는 술을 잘 못한다는 핑계로
쉬는 날 만나서 맥주 한 잔 나누자는 말도 못했는데
그래도 요즘은 매일같이 공장으로 출근을 해
지금껏 자신을 지켜준 버팀목 같은 용접 기술을 뽐내며
일은 힘들어도 마음이 편하다고 했지
친구야 이젠 너의 삶에 굴곡의 풍파는 지나가고
환한 햇살이 언제나 가득했으면 좋겠다

오래된 우물

가평군 하면 마일리*에 가면
양지말이라 부르는 동리 어귀에
오래된 바가지 우물 하나가
암벽 틈에서 흐르는 물을 받아
조그만 확을 가득 채운다

가뭄에 마르지 않고
한 겨울에 얼지 않아
오랜 세월
사람과 가축의 목을 적셔주었다

누가 심었는지
세 아름이 넘는 큼직한 잣나무가
사철 푸르름을 드리우고 있어
잣나무 우물이라고 부르던 우물

이른 아침과 늦은 저녁이면
양지말 여자들은 물동이를 이고 지고
이 우물물을 날랐다

어제였는지
언 잠자가 담긴 항아리를 쭉 내다 놓고

* 마일리: 시인의 고향.

감자를 삭힐 때로 기억이 되는데
어찌나 냄새가 고약했던지
그 옆을 지날 때면 코를 쥐고 지나던 생각과
우물 가득 무당개구리가 헤엄을
치며 노는 모습을 보고 놀랬던 생각
바쁜 농번기가 끝나면 어른들은 이 우물가에
솥을 걸고 국수를 끓여 동네잔치를 하던 생각
모두 다 유년 시절 생생한 기억의
유산으로 남아 숨 쉬고 있다

요즘도 퍼 가는 사람은 없어도
물 확을 덮은 푸른 이끼가
끊임없이 솟는 생수에 의해 자라고 있다

불어라 봄바람

누구의 허락도 없이
짓밟는 점령군처럼
오만의 깃발을 펄럭이며
찾아온 겨울 한파
몸과 마음을 묶임 당하고
강물과 대지를 꽁꽁 얼게 한 날들이 얼마더냐
춥기는 왜 그리 추운지
비비마른 몸 움츠린 어깨
심장에서 나온 뜨거운 피야
온몸을 돌아 장부를 덥히고
팔다리를 지나 말초혈관까지 흘러라

짧아진 그림자를 뒤로 하고 볕을 쬐이니
언 뺨을 녹이고 가슴에 전해지는
따뜻한 너의 기운아
얼마를 기다렸더냐
불어라 봄바람 불어라 봄바람
이제는 너의 날이 오고 있다
모두 다 녹이고 모두 다 쓸고 가거라
이제는 움츠릴 것도 묶일 것도 없다
불어라 봄바람 불어라 봄바람

2부 세월

봄으로 가는 시간 여행

봄을 시샘하는 바람이
갈기를 세우고 옷깃을 헤집는다
겨울의 좁은 문을 빠져나온 몸과
봄을 향한 성급한 마음을 거리에 세우니
봄이라 하기에는 아직도
기다림의 그 무엇이 남은 것 같다

잠이 깨어난 동구 밖 미루나무는
땅속 깊은 곳 뿌리에서
지상의 줄기로 수액을 끌어 올려
수천수만의 푸른 잎을 틔울 준비를 한다

새 생명을 잉태한 부화장 부화기 안에는
어미 닭의 따뜻한 온기를 그리워하는
병아리의 탄생이 이어지고

방학을 끝낸 아이들은
아침마다 휴일을 당겨오는 꿈을 꾼다
대지는 수유하는 어머니처럼
모든 생명들에게 삶을 향한 길을 열고
우리는 기다림을 통해 소망을 키워간다

2월에 부쳐

2월
옷깃을 파고드는 바람이 아직은 차다
겨울에서 봄, 봄으로 가는 길목
기다림이 간절했기에 사람들은
이삼 일을 짧게 만들고 살아가는지도 모른다

봄을 꿈꾸며 기다린 땅속 씨앗들은
긴 겨울잠을 깨고
벌거벗은 나무들은 한 해를 푸르게
살기 위해 옷 입기를 준비한다

피어날 꽃송이를 위해
작은 움직임도 보이지 않는 각질 속에서
가장 큰 힘으로 약동을 준비하는
생명의 달 2월에 부쳐

남산에서 바라본 서울

복잡한 빌딩 숲을
도망치듯 빠져나와
산 중턱에 이르니
비로소 자유로운 발걸음을 느꼈다

봄을 기다리며 겨울잠에서 깨어난
나무들의 나직한 숨결이 들려오고
산으로 오르는 돌계단에는
저녁이라 인적이 드물다

이 길 따라 타워 전망대에 이르러
바라보는 서울의 밤
찌푸린 얼굴 하루의 표정을
오색등 은하수 물결로 위장하고
사연 많은 서울은
오늘밤도 웃고 있다

구절리에서

정선읍에서 한 량짜리 기차를 타고
구절리* 종착역에 내렸다
길을 물으려 역무원을 찾아보았지만
빈 매표창구에는 역무원 대신
하루 몇 번 오가는 기차 시각표만 걸렸다
낯선 길을 두리번거리며 마을로 들어섰다
하룻밤을 묵기 위해
여인숙을 잡으려다 시간이 일러
눈꽃이 만발한 겨울 산을 향해
걸음을 옮긴지 한참
아득한 산봉우리는 아직도 멀고
눈에 덮인 산허리만 눈앞에 접힌다
짧은 겨울 해가 발목을 잡아
더 오르려는 욕망을 접고
서둘러 산길을 내려와야만 했다
들창문이 달린 빈 가게들 사이에서
불을 밝힌 구멍가게에 들러
음료수와 과자 몇 봉을 사들고
낮에 봐두었던 여인숙으로 얼굴을 들이밀고
주인을 찾으니 쪽방의 작은 미닫이가 열리면서

* 구절리는 정선읍에서 기차를 타고 백여 리를 더 들어가면 기차 길 끝에 나타나는 작은 탄광촌이다. 지금은 폐광이 되어 하루 몇 번 들어오던 기차마저 들어오지 않는 마을에 관광객들만이 찾아주는 곳 노인들만 남아 마을을 지키고 있다.

허름한 차림의 아주머니는
광산이 한참일 땐 낮이건 밤이건
사람으로 북적이던 거리가
초저녁부터 사람 구경하기가 어려워졌다며
쌀쌀한 겨울 날씨를 원망하는 듯한 말을 남기며
만 원짜리 한 장에 쪽방 하나를 내주고 들어갔다

<1996년작>

김제 평야에서

김제 소방서에 근무하는 초등학교 동창생
19년 만에 그를 만나 금산사로 가는 길에는
추수를 끝낸 평야의 한가로움이 눈앞에 보였다
오랜 세월 얼마나 많은 풍요를 가져다주었을까
나의 말에 친구는 말했다
- 예전엔 천 섬지기 만 섬지기 지주가 있었지
가진 자들의 나눔이 없었던 그 때
있는 자들의 양보가 없었던 시절
다만 살기 위한 몸부림이
그저 먹기 위한 아우성이
피의 투쟁을 불러온 동학의 무대
붉은 땅 언덕에 뿌리박고 선
푸른 소나무 숲을 바라보니
생존과 개혁을 부르짖던
한 세기 전 혁명가들의 절규가
빈 들판으로 메아리치는 듯했다

별망성터*에서

언덕 아래 멀리
배 한 척 들어오지 않는 사리포구**가
문을 걸어 닫은 채 돌아앉아 있다

반월공단이 내뿜는 매연과 소음은
한시도 멈춤이 없고
개발이란 이름으로 변해 가는 신도시 안산은
오늘도 뜨거운 열병을 앓는다

세월의 풍상
허물어진 성터는
옛일을 잊은 채
항전을 결사하며
뜬눈으로 밤을 새웠을
병사들의 환(幻)만이
가끔 찾는 방문객을 맞을 뿐이다

<1997년작>

* 별망성터는 안산시 초지동 해안가 야산에 있다. 고려 말 왜구와 몽고의 침입을 막기 위해 쌓았던 성이다.
** 사리포구는 시화호 안에 있던 어촌마을 안산신도시 개발로 포구는 사라지고 호수공원의 일부로 변해 있다.

경원선에 비가 내리고

의정부역에서 소요산을 가려고 기차를 탔다
예전에는 서울에서 원산까지 간다고 하여
경원선이라 했는데 남북이 서로 갈리고 막혀
지금은 신탄리역까지밖에 갈 수가 없다
아침부터 비가 내려 소요산을 가려던 일정을
바꾸어 이 열차의 종착역인 신탄리역까지만
기차 여행을 하기로 했다
아들의 면회를 간다는 중년 부부도 있고
서울 딸네 집에 다녀온다는 할머니도 탔고
나처럼 등산복 차림을 한 사람들도 보였다
차창 밖에는 어른 키만큼 자란 옥수수가
칠월의 단비를 맞고 있다
연천역을 지나다보니 커다란 물탱크가 보였다
증기기관차가 다니던 때 원산을 떠난 기차에
물을 공급하기 위해 세운 것이라고 한다
꽤나 오랜 세월을 말해 주는 듯
급수탑에는 푸른 이끼가 끼어 있었다
한참 만에 기차는 신탄리 종착역에 멈춰 섰고
조그만 역사는 금방 사람들로 붐볐다
그리고 이내 썰물이 빠져나간 듯 사라졌다
한적한 철길을 따라 북쪽으로 걷다보니
철마도 사람도 더 갈 수 없는 철길 종단점
입간판엔 포효하는 철마가 더 달리고 싶다고
절규하듯 북녘 하늘을 바라보고 우짖는다

- 철마는 달리고 싶다 -
이 길을 따라 30여 분만 더 달려가면
부모님의 고향 김화와 평강이 나오는데
금강산역을 거쳐 명사십리 원산까지 달려 봤으면
언제쯤 분단의 어두운 밤은 가고
통일의 새벽이 오려나,
반세기 동안 멈춰선 철마가
통일을 그리며 흘리는 눈물인가
돌아오는 길에도 빗줄기는
그칠 줄 모르고 내렸다

황룡사터에서

주춧돌만 즐비하게 남아 있는
절터 여기 저기
더위에 지친 잡초가
폭염 속에서 목말라하고 있다

넓이를 헤아릴 수 없는 벌판 한가운데
신라의 이정표처럼 푯말하나 외로이
황룡사* 9층 목탑터임을 알릴뿐
솔거가 그렸다는 금당의 벽화는
전설 속으로 사라져 버렸다

발굴이 계속되고 있는 현장 인부들은
산산이 깨어진 기와 조각 사이에서
찬란했던 신라의 영화를 찾고 있나
사라진 왕조의 보물을 찾고 있나
천 년 세월을 지속했던 신라의 비밀은
고분 속에 잠들어 있고
흔적만 더듬어 본다

* 황룡사는 신라 553년에 착공하여 90년 동안 지어진 사찰이다. 고려 때 몽고의 침략을 받아 소실되고 절터만 남아 있다.

정동진의 겨울 바다

정동진이라고 이름 부르기 전부터
파도는 모래톱에 흩어진
갈매기의 울음을 쓸고

멀리서 기차를 타고 온 사람들은
갈매기 울음 머금은 모래톱을 거닐며
바람에 실려 오는 바다 냄새에 코를 씰룩인다

고깃배를 몰고 나간 어부들이 전해주는
만선의 소식이 철썩이는 물결을 타고 전해오면
바다를 바라보던 마음은 이내 기쁨으로 가득하다

겨울바람을 피해 포장마차에 들어가
그곳 사투리로 맛이 배인 라면을 먹으며
여행의 시장함을 달래본다

수레 가득 모래시계를 실은 역전 상인들은
오늘도 오가는 사람들을 붙잡고
드라마 속 정동진을 팔고 있다

철원 통일전망대에서

언제나 웃자하면서
표정 없는 당신은
말 없는 침묵으로
때론 바라보는 눈빛으로
언제쯤 싸고 싸 메인
운명의 가면을 벗고
옛사랑의 마음을 여시렵니까

십 년이 지났고
오십 년이 넘어도
당신을 기다린다는
우리의 맹세는 계속되는데
언제까지 울어야 하는 아픔으로
분단을 어우르는 마침표를
찍을 수가 있을까요
휴전선 철책 너머로
철새는 자유로이 날아가는데
통일의 길은 멀기만 하다

다산의 고향 마현부락*에서

한강 물 굽이돌아
다다른 곳 마현부락

민중을 향한 사랑인가
임금에 대한 충성이었나
가슴에 품은 뜻 펼쳐보기도 전에
당쟁의 소용돌이에 휘말려
옥살이 귀양살이
한 많은 세월을 사셨네

이제는 모두 다 역사의 뒤안길에 묻고
여유당 고향집 언덕 위에 묻혀
말없이 흐르는 한강수 바라보며
21세기 실사구시
땅투기 환경오염 그만 하고
깨끗한 물 나눠 쓰며 살라
말씀하시는 듯하네

* 마현부락: 남양주시 능내 다산의 고향마을.

황태마을

강원도 인제군 용대리*의 하늘에는
사계절 황태가 헤엄쳐 다닌다
이 마을 사람들은 아침에서 저녁까지
겨울에서 봄 다시 여름과 가을
덕장에 황태만 생각하며 산다
겨울이 오면
한 집 건너 한 집씩
동해의 푸른 물결 간직한
생태를 한 떼기씩 몰고 와 덕장에 걸고
미시령의 한기와 진부령의 냉기로
얼리고 다독이기를 서른세 번
겨우내 골짜기에 황태는
소나무 숲에서 불어온 바람과
얼리듯 말리듯 내리쬐는 햇살로 맛들어가고
동해의 끝 어디쯤 봄이 다다르면
잘 마른 황태는 도열한 덕장을 떠나
세상을 향해 다시 자맥질을 시작한다

* 인제군 용대리는 진부령과 미시령이 만나는 삼거리에 위치한 마을이다. 10여 년 전부터 황태 덕장을 만들어 전국 생산량의 70~80%를 건조해 내고 있다. 매년 2월 말이면 황태 축제를 열고 황태를 출하한다.

대부도로 갈거나

푸른 하늘에서 흰 구름이 내려와
머물던 뜨락을
언제부터인지 사람들은 대부도라 했다

바다로 나가는 길목 뭍으로 오르는 어귀
고기 잡고 포도 심는 풍요의 땅
바닷새 울어 아침을 맞이하는 생명의 땅

개발이라는 이름으로 찾아온 사람들
파헤쳐진 산자락 얼룩진 바다
더는 아픔을 견딜 수 없어
하늘은 먹구름으로
땅은 갈라짐으로 울고 있다

잠시 잠깐 빌려 쓰는 이 땅 이 자연을
우리는 부둥켜안고
자손만대에 돌려 줄
푸르름의 청지기로 살아가야 하리라

수덕사 대웅전 뜰에서

칠백 년 세월을 지켜온 수덕사 대웅전은
배흘림기둥으로 떠받쳐진 맞배지붕을 하고
단아한 모습으로 날아갈 듯 기단 위에 앉아서
수덕사의 모셔진 부처님을 찾아간 사람들과
부처보다 대웅전을 찾아간 사람들을 맞고 있다

가슴 한쪽에는 옹이 같은 응어리를 안고
마음 한편에는 백팔보다 더 많은 번뇌를
어깨에 지고 맨몸으로 살아가는 사람들이
빛바랜 대웅전 배흘림기둥을 맴돌며
전각 뒤뜰에 조용히 내려놓는다

흰 고무신 정연히 놓인 길 아래 견성암
비구니 승 머무는 뜰 앞을 지나며
격전의 삶터에서 미처 돌아보지 못한
자신의 마음을 살펴보고
돌아오는 길은 자유 같은
푸른 하늘을 마음껏 바라본다

겨울 호수에 노랑부리저어새

푸른 하늘이 내려와
잔잔한 시화호 속에 잠긴다
노랑부리저어새 몇 마리가
호수를 찾은 겨울 철새들 사이에서
자유로이 자맥질을 한다
사랑을 구하는 놈도
등을 떠미는 놈도
빠르게 아니면 느리게
그저 무리되어 함께 부대끼고
이따금 물결이 동하면
물을 박차고 하늘을 한 바퀴 돌다가
다시 미끄러지는 듯한 몸짓으로 내려와
물속을 휘저으며 먹이를 찾는다
공장의 굴뚝에선 희뿌연 연기가 피어오르다
바람의 꼬리를 잡았는지 이내 사라졌다
겨울호수와 철새들의 조화가 어우러져 있는
시화호는 오랜 휴식을 찾아간다

여행을 마치고

피곤에 치친 무거운 몸을 가누며
그리운 가족들이 있는
집을 향해 돌아간다

낯선 시골 역
수줍게 미소하며 손을 흔들던
맨드라미 해바라기를 뒤로 하고
차창 밖 들국화에게
촉촉한 눈길로 답례한다

곤한 몸 좁은 의자에 기대니
서산에는 숨 가쁜 해 걸려있다
사람들이 좋았던 여행길
음식이 낯설어 추억이 되는 길
주머니 속 돌돌 말린 필름 통 매만지며
끝없이 펼쳐질 여행은 계속된다

미리 쓰는 유서

떠날 때를 알지 못해
유서 한 장을 씁니다
올 때도 혼자였듯이
갈 때도 혼자만의 길
아침 이슬과도 같은 인생이
어느 바람결에 모습을 감출까
떠오르는 얼굴 하나하나 적으며
사랑한다는 말 한 마디와
그들을 향한 당부도 잊지 않는다
특별한 은혜를 입었으니
나의 이름 석 자로 인사해 줄 것도 적으며
보험회사 이름도 적어보았다
남겨진 식구들에게는
더 이상 의지가 되어줄 수 없어
미안한 마음으로 글을 맺으며
부끄러운 자화상 때문에
미리 쓰는 유서가
나를 더욱 슬프게 합니다

뜬소문

보낸 이도 없고
받는 이도 없는
뜬소문 하나가
봉합되지 않은 엽서에
우표도 없이 실려
바람처럼 날아 왔다

어디서 왔는지
어디로 가는지
아무도 아는 이가 없는
뜬소문 하나가
너털웃음 뒤에
가득한 독기를 숨기고
웃고 있는 등 뒤로 사라졌다

술 이야기

사람들은 나를 술이라 부른다
원시인들이 웅덩이에 고인 과즙에서
처음 얻었을 것이라고 하는 데
특정한 색이 있는 것은 아니지만
때때로 구미가 당길 것 같은
온갖 빛깔로 위장하고 사람을 부른다
별칭도 많아
반주라고 건네고
약주라고 올리고
축하주라고 먹이고
이별주니 폭탄주니……
희귀한 이름으로 먹고 마신다
언제나 병 속에 웅크리고 앉아
점잔을 빼다가도
목구멍으로 들어가 나발을 불기 시작하면
제 세상을 만난다
세상에서 무서운 게 어디 호랑이뿐이겠는가
골머리를 흔드는 사람마다 무슨 사연이 있는 것일까

용문산의 가을

가을을 좀 더 가까이에서 느끼려는 사람들이
일상의 도시를 떠나
가을이 머물고 있는 서정을 찾았다
10월의 단풍으로 옷 입은 사람들은
나무에서 바위로 바위에서 계곡으로
옮겨 다니며 카메라 렌즈에 추억을
담기에 여념이 없었다
천 년의 세월을 살았다는 은행나무는
노란 잎을 나부끼며 사람들을 맞고
발 사이를 구르며 밟혀 부서진 낙엽들은
낮은 데로 낮은 데로 굴러 쌓이고
붉게 물든 나무들은 한 해 동안 축적한 기운을
땅속 깊이 뿌리에 묻는다
산사 추녀 아래 자판기 앞에는
커피를 마시는 사람들이
마음 가득 단풍에 취해본다

가을 오후

여름의 그림자 뒤에서
숨죽이며 기다렸던 가을이
마지막 더위의 눈치를 보고 있다
에너지를 모두 발산하고 주춤거리고 있는
여름 속으로 몸을 던져 찾아온 가을이
이제 제 모습을 드러내기 시작했다
여름의 분기점을 지난 태양은
화단의 가을꽃들에게 각각의 색을 허락하고
과수밭의 열매를 붉게 불들이고
들판의 곡식들을 알알이 영글게 한다
고추밭에 고추잠자리가 낮게 날고
풀벌레 울음소리가 또렷할수록
가을의 빛으로 오고 있다
가을의 향기로 채워가고 있다

김장

한 해 겨울을 감치게 먹겠다고
시장을 오가며 가려 두었던 것들
멸치 새우 까나리 황석어젓까지
밭에서 금방 뽑혀온
금빛 도는 푸른 배추에
천일염을 뿌려 절이고
고춧가루와 파 마늘 생강
찧어 넣고 으깨 버무려
네 쪽으로 가른 배추에
붉은 양념 속을 넣는다
햅쌀밥을 짓고
오가는 이웃사촌 불러
굴 한 점을 쌈에 말아 입에 넣는다
톡 쏘며 입안 가득히 차오르는 홧홧함
핑 도는 눈물을 어찌하랴
이내 밥 한 쌈을 다시 넣고
물 한 사발로 달래보지만
그래 올해의 김장 맛은 어떠하더냐?

겨울

두툼한 털옷으로 무장을 해도
몸을 움츠리는 계절
하늘은 우리 맘을 아는지
설렘과 낭만의 흰 눈을
온 누리 가득 뿌려준다
세상을 하얗게

눈을 기다리는 사람들은
눈싸움을 하려는 것이 아니다
어린 시절의 추억을 더듬어
흘러온 시간만큼
돌아가고픈 것이다

손을 꼭 잡고
교문 앞까지 함께 걸어주던 누님과
썰매를 타며 얼음 위를 뒹굴던 동무들이
잿빛 하늘을 보고 있겠지
눈을 기다리며
옛 생각을 하면서
이 겨울을 나고 있겠지

세월(歲月)

당신은 언제나
나를 따라오라 합니다
때로는 안개비처럼 오라하고
때로는 소낙비처럼 오라합니다
언제는 앞만 보고 오라하고
언제는 돌아보지 말고 오라합니다

당신이 부르지 않아도
이젠 나도 길들여진 순한 양처럼
제법 길을 묻지 않고도 갑니다
철모를 때부터 이만큼 크고 보니
당신은 언제나 나보다 앞서 갔고
나는 당신의 그림자만 따라온 것 같습니다

이제껏 나는 성실한 시간을 빚은 것 같은데
꼭 누군가에게 속은 것만 같고
아이적의 천진함도 꿈꿔온 희망도
모두 사라진 나를 내팽겨 둔 채
또 당신은 모른다 모른다 하며
이제도 저제도 저만치 앞서 갑니다

3부 절름발이 난을 위하여

절름발이 난
꽃그늘 아래에서
목련의 봄
신록은 우리에게
달맞이꽃
민들레 홀씨
수선화
나무와 단풍잎
한낮의 공원
모과
쥐와 고양이
거미
하루살이
그 놈
까치집
벽화처럼 피어나고 싶다
꽃
산을 오른다
태풍
입추(立秋)
만추(晩秋)
겨울 화단에서
첫눈
겨울 산
12월에는

절름발이 난

집이 전남 보성이라는
직장의 한 선배가
상경 길에 가져온 난초 몇 촉
- 우리 집 산 옆에는 지천이라고
귀하지 않다며 내놓는 것을
누가 가져갈세라
신문지에 구깃 말아
집으로 가져와
두 개 화분에 심었다
첫 해를 지나고 2년째
겨울부터는 꽃을 피우지 못하는
절음발이 난을 보며
여름 비 내려 겨울 눈 맞아
이른 봄 꽃으로 피어나는 것을
소유하려는 욕심이 커
방안에 가두는 잘못을 범하고 있다

꽃그늘 아래에서

황사 주의보를 해제한다는
기상청의 보도만 믿고
들로 산으로 외출을 했다가
하루 종일 모래 바람 속에서
곤욕을 치렀다는 아우성이 인터넷을 타고
기상청 책임자가 사과 성명을 내고 말았다
그 일이 있고도 날씨는
춥고 바람 불고 비오기를 몇 차례 거듭했다

심은 지 20년이 넘은 길가의 왕벚꽃나무가
작은 꽃망울을 터트리기 시작하더니
어제 저녁 퇴근길에서도 느끼지 못했는데
오늘 아침 출근길엔 나무마다 환한 꽃등을 달았다
점심을 먹고 식당 앞 벚나무 아래에 서니
꽃이란 사람의 마음을 흥분과 희열로 몰아가는
이상한 마력을 지녔다 보다
내 나이 서른에도 마흔에도 그랬고
쉰이 훨씬 넘어서도 그럴 것이다
이 꽃잎 지고 나면 앞 다투어
다른 꽃들이 피기 시작할거고
그러면 짧은 봄도 곧 가겠지
고향 떠나와 살아온 세월이 30년
보고 싶은 고향 동무
만나고 싶은 초등 친구

그들이 그립다
이번 주말엔 한번 만나자고
내가 먼저
문자 메시지를 보내야지

목련의 봄

정말 피하고 싶은 겨울이었다
봄의 환희를 위해 견디어 왔다
꽃을 향한 일념으로
오직 봄 햇살만을 기다렸다
가지 끝에 느껴지는 묵직한 꽃망울
이제는 아무도 막지 못하리라
이제는 아무도 되돌릴 수 없으리라
대지와 나무가 기다린 시간을
한 잎 두 잎 벌어지는 꽃봉오리
가루분을 단장한 속잎과 꽃술은
오직 창조주만의 섭리
오직 창조주만의 자연
새색시 볼같이 부끄러운 얼굴
파르르 떨고 있는 시간 속으로 묻고
바라보는 눈길을 의식했나
오래 기다려주지 않고
이내 와르르 꽃잎 떨구고 소멸한다

신록은 우리에게

베란다로 나가서니
녹음 어린 창문이 열린다
적당한 크기로 자란 몇 뼘 둘레의
자작나무가 아이들 네댓 명쯤 끌어안을
만한 너비의 그늘을 드리우고
불어오는 바람을 맞아 나부끼고 있다
여름의 세찬 비바람에 견디려고
건실한 뿌리를 땅속 깊숙이 고정하고
굵은 가지 하나 땅에 내려 작고 아담한 의자를
만들어 그늘이 그리워 찾아오는
사람을 앉혀 이야기한다

- 추웠던 지난겨울 찾아 주는 이 하나 없고
앙상한 가지로 봄을 기다리고 있을 땐
죽은 듯 생명을 뿌리에 감추고 살았지
눈보라 치던 겨울 봄조차 올 것 같지 않더니
기쁨은 기다림의 끝에서
열 달을 다 채우고 세상에 오는 아기처럼
계절은 언제나 그랬어,
지금 짙어 가는 신록을 봐 산에도 들에도
푸른 희망을 아침 햇살처럼 안겨주고 있잖아

달맞이꽃

휘영청 떠오르는 달 그리며
긴긴 하루 꽃잎 속에서 울었다

해거름 노을이 풀잎 끝에 어리면
허리춤 마디마디 얼굴을 내밀고

바람 따라 님을 따라
달맞이 춤을 춘다

밤이 깊어갈수록 달빛은 밝아지고
빛을 받아 꽃잎은 더욱 고와진다

아침이 돌아오면 헤어짐을 슬퍼하여
오늘도 슬픈 꿈을 꾼다 하오

민들레 홀씨

한 뼘의 영토를 찾아
외로움이 찾아와도
목마름이 다가와도
그리울 땐 그리운 데로
기다릴 땐 기다림 데로
홀로 서기를 위해
홀씨 하나에 희망을 담아
낯설고 물선 곳
그 곳이 어디건
부는 바람에 운명을 맡긴 채
민들레 어머니가 그런 것처럼
끈질긴 생명력을 땅에 묻고
외로운 홀로 서기를 시작한다

수선화

귀에 익숙한 멜로디
일곱 송이 수선화
그룹 브라더스 포*는
많고 많은 꽃 중에서
수선화를 노래한 이유는 무얼까
수선화를 좀 더 자세히 알기 위해
서점으로 달려가 식물도감을 보았다
가늘고 빼어난 푸른색 줄기 희고 노란 꽃송이
청초한 자태를 간직한 채 향기를 발하는 꽃
신화 속 나르시스**의 슬픈 추억을 간직하고
흰 눈 내리는 겨울이 되면
이름만큼 순수한 꽃을 피우는구나

* Brothers Four 60년대 미국에서 〈Seven Daffodils〉 〈Greenfield〉 등 추억의 명곡을 부른 4인조 그룹.

** 그리스신화에는 나르시스라는 미소년이 호수에 비친 자신의 모습을 연모하다 호수에 빠져 죽었다고 한다. 그 호수에서는 나르시스 혼이 한 송이 수선화로 피어났다는 전설이 전해지고 있다.

나무와 단풍잎

아빠의 나무는 키다리 나무
엄마의 나무는 멋쟁이 나무
봄이 오는 들판에서 푸른 옷 입고
멋지게 예쁘게 치장을 해요

아가의 손 같은 붉은 단풍잎
엄마의 옷 같은 노란 은행잎
가을이 오는 산에서 색동옷 입고
울긋불긋 고운 빛 물감 들여요

한낮의 공원

공원 벤치에 앉아 두고 나온 포키*를 불러본다
함께 나와 산책을 하는 건데
요 며칠 날씨가 궂어 집안에만 가두니
몸살이 나는지 몹시 칭얼거리던데
혼자말로 중얼거렸다
햇살이 미끄럼을 타고 내려앉은 잔디밭
풀 냄새가 상큼하다
나비는 마른 목을 축이려 꽃술이 풍성한
해바라기 꽃대를 찾아 날아갔고
새소리가 그리운 도심의 공원
먹다 던져진 음식을 구걸하는 비둘기 울음만이
멀리 지나가는 바람결에 들려온다
운동이 습관이 되어버린 노인들은 무슨 경기에
나가는 사람처럼 옷차림이 자연스럽다
“오래 산다기보단 건강하게 살려는 거지요”
변명 아닌 대꾸를 남기고 사라졌다
시원한 음료수가 생각나는 한낮 쏟아지는 햇살을
받으며 걷고 있는 엄마도 유모차에 실려 가는
아기도 밀려오는 졸음을 참아본다
잔모래를 박차며 굴러가던 수레바퀴도
이젠 지쳐 보인다

* 포키: 2년생 푸들 수캉아지.

모과

넉넉지 않은 둥우리

제비새끼처럼

올망졸망 비집고 앉은

탁자 위 금빛 모과가

잘 생기지는 않았지만

은은한 빛깔의 각질을 뚫고

깊은 향기 뿜을 때면

먼 산의 단풍은 어느새

창문 밖 모과나무에 걸려 있다

쥐와 고양이

밤이면 쓰레기통 밑을 기는 쥐와
그 통 위를 오르는 고양이가
언제부터 이웃사촌으로 살고 있는지
아는 사람이 없다

인간의 산업화 도시화 인구 밀집화라는
증명되지 않은 설만 풍문처럼 있을 뿐

이제는
누가 고양이의 목에 방울을 달까하고
고민하는 쥐도 없고
어둡고 침침한 쥐구멍에 코를 씰룩이다
뛰쳐나오는 쥐를 낚아챌 고양이도 없어졌다

우리 아이에게
이솝우화의 말뜻을 굳이 설명하는 엄마와
겁 없이 적과의 동침을 꿈꾸는 쥐와 고양이를
과연 그들의 조상들은 무어라 말할까

거미

그 누구도 흉내 낼 수 없는
능숙한 솜씨로
그물을 짜 허공에 던졌다

하루 이틀 사흘
기다림에 익숙한 포식자는
작은 움직임도 없이 먹이를 기다린다

저승사자의 흉괘를 알 리 없는
풍뎅이 잠자리 하루살이까지
허공을 비행하다 걸려들어
온힘을 다해 탈출을 해보지만
조여 오는 죽음을 벗어나지 못하고

수액을 빨려가며 외친 비명
얼마를 기다려온 삶이건만

도사리고 앉은 포식자는
새날을 위해
다시 거미줄을 짜기 시작했다

하루살이*

삼백 예순 날 삼백 예순 날
우화를 꿈꾸며 물에 잠기고
삼백 예순 날 삼백 예순 날
하늘을 꿈꾸며 하늘에 잠긴다

하루를 산다하여 붙여진
이름 하루살이
누구보다 긴 하루를 살아야 하고
누구보다 바쁜 하루를 살아야 하는
하루살이
내일이 있음을 아는지 모르는 지
한 많은 하루의 저녁이 오면
황혼 속을 맴돌며 추락을 시작한다

* 하루살이 목 하루살이 과에 속한 곤충. 알려진 것보다는 길게 사는데 유충으로 물속에서 1년에서 3년까지 자라다 성충이 되면 짧게는 하루에서 길게는 3주까지 사는 놈도 있다고 한다.

그 놈

그 놈은 어부와 같다
직업은 아니나 생계가 걸려
고기 낚는 포인트를 귀신같이
알고 있는 것 같다
지난겨울은 보이질 않았다
물이 잘 얼지 않고 먹이가 많은
남쪽 어느 저수지나 수로를 걸으며
뻘 속 미꾸리쯤으로 연명하였을 것이다
이곳 논이나 앞강 여울에도
봄이 돼서야 나타났다
쭉 빠진 미끈한 다리는 물속을 거닐기에 좋고
상하좌우 자유로이 움직이는 유연한 목
노란 안구에 갈색눈동자
물속 먹이를 콕 찍어 올리기에 적당한 부리
사냥꾼의 재주와 신체구조를 모두 갖추었다
잠깐 동안 강변에서 놈을 지켜보았다
피라미나 쉬리쯤 되어 보이는 고기를 연실 낚아
먹성 좋은 촌부가 가락국수 넘기듯
연거푸 이-삼 회 들이키고는
놈을 주시하는 시선을 느꼈는지
이내 물을 박차고 날아갔다

까치집

하늘하늘 미루나무 꼭대기에 까치집
가물가물 아득한 철탑 위에 까치집
그 해 여름 태풍의 방향까지 예측해서
둥지의 문을 낸다는 영특한 까치

애초부터 그들에게 집이란
비바람을 피하고 알을 낳아
새끼를 키우려고 지었다고는 해도
밖에서 보기에는 엉성하기 그지없다

하루 종일 수십 수백 번의 열차와 전철이 드나드는
전철 1호선 금정역 청량리행 플랫폼
고압전류가 흐르는 철사다리 위에 성근 까치집
하고 많은 곳 중에 하필 그 곳에 집을 지었나
남의 말 하기 좋아하는 세상 사람들은
미련하고 주변머리 없는 까치라고 한다

해마다 물난리를 겪으면서도
건질 것도 거둘 것도 별반 없는
세간 살이 둘둘 말아
살던 집을 못 떠나는
사람들을 어찌 저 까치에 비할까

벽화처럼 피어나고 싶다

높고 긴 담장을 따라 걷노라면
꽉 막힌 가슴 한쪽이 열리며
한순간 좌절된 꿈이
부활하고 있음을 느낀다
넘으려 해도 넘지 못하고 바라보던 담장에
누군가 달려와 푸른 하늘을 그려 넣고
한가로이 떠가는 흰 구름을 걸어놓았다
그 아래 숲이 우거진 호수와 공원
양탄자가 깔린 듯 잘 다듬어진 꽃밭에는
각색의 꽃들이 피어나고
숲에는 파랑새가 날아와 둥지를 틀고
나무 벤치가 놓여진 잔디위로
푸른 하늘보다 더 푸른 아이들이
정오의 태양만큼 높은
이상을 향해 달려가고 있다

꽃

꽃이 피네
꽃이 피네
들에도 꽃이 피고
산에도 꽃이 피고
내 맘에도 꽃이 피네

꽃 피면 가시네 웃고
꽃 지면 머슴애 운다
내 사랑 꽃잎처럼 피어
내 설움 꽃잎처럼 지네
저 언덕에 꽃이 피면
내 마음에 사랑 피고
저 산에 꽃이 지면
내 가슴 멍울져 무너진다
내 사랑이어라
내 설움이어라

산을 오른다

푸른 녹음 우거진 산
푸른 마음 가득한 산
따가운 태양이 내리 쬐는
숲속을 헤쳐 가며
산을 오른다

아무도 반기는 이 없는 그 곳에
무엇을 찾으려고
꽃을 보려느냐
나무를 만나려고 하느냐
바람이 머물던 잎새
심신의 피로를 달래가며

마음이 탁 트이는 정상을 향해
세상만사 시름일랑 산 아래 던지고
돌아오는 메아리
동무하며 산을 오르자

태풍

해마다 여름이 되면 태풍이 온다
반기는 사람 하나 없어도
광기어린 바람을 앞세우고
몇 날을 지새워 비를 뿌리면
잠수교가 잠기고
저수지 둑이 넘어
오갈 곳 없는 수재민을 만든다

마법의 사슬에 묶인 세상은
미동의 저항도 못한 채
평생의 쌓아올린 사람들의 분깃들이
갈기갈기 찢기고 산산이 부서졌다
종적 없이 사라진 모습 뒤로
실의에 찬 사람들 뿐
다시 온다는 말은 없었지만
마주 할 수밖에 없는
악연의 끝은 어디인가

입추(立秋)

대지를 더욱 뜨겁게 달구려고
준비했던 연료를 모두 태워버린
여름의 끝자락 하늘과 땅은 열기로 가득했다
처음 느껴보는 생소한 기운도 아니건만
여름에서 가을로 접어드는 하루는 길기만 했다

늦더위 햇볕을 피해 그늘로 들어서니
훑고 지나가는 시원한 바람의 옷자락
계절을 딛고 가는
낮과 밤의 그림자 따라
밤이면 찾아오는 가을의 전령사
풀벌레의 노래가 먼저 길을 나선다
여름 꽃은 철지난 꽃잎을
하나 둘 떨어뜨리고
탱탱한 씨방을 만들어 간다

이제 화단에는 가을꽃, 가을이 열리고……
가을이 온다하여
다를 것 없는 나의 하루지만
결실을 위해 뛰어가는 걸음은 바빠만 간다

만추(晩秋)

인적 드문 산사(山寺) 가을 언덕에
늦은 단풍처럼 노을 진 노승 하나가
낡은 들창문을 바르면
가을이 온다

바람이 할퀴고 지나간
나뭇가지 끝
붉은 홍시 하나가
아쉬운 낙하(落下)를 고하면
계절은 가을의 목을 움켜쥔다

짧았던 가을마저 달음질치고
노을 띤 하늘에 눈보라 일면
나의 철새는 남겨진 가을을 찾아
날아간다

겨울 화단에서

얼마 전까지만 해도
과꽃으로 가득했던 화단
이젠 어디에서도
꽃이란 찾아볼 수가 없다
김장독을 묻으려
목련 나무에서 떨어진 낙엽과
여름내 꽃피웠던 꽃대들이
앙상하게 선 자리를
한참을 팠다
어느 곳에 씨앗을 묻고 겨울을 나는 지
봄이면 어김없이 새싹으로 가득 채워질 화단
한 해를 살고 대를 물려 씨갈이를 하는 것은
인간과 마찬가지이건만 유독
사람만이 나날이 어진 성을 잃어 간다
김장독이 묻힌 이 자리에
다시 오는 봄
우리 마음을 밝힐 새싹들을 기다려본다

첫 눈

비 한 방울 내리지 않는 11월이 가물다고
원망 섞인 눈으로 하늘을 바라보는 농부도
가을을 탄다는 문학소녀도 없었다
그런 계절을 삭이며 단풍이 들었다
세상에 갑자기 찾아오는 일이 어디 있으랴만
지난밤 일기예보에
비와 함께 추위가 온다고 했다
아침에 일어나 밖을 보니
밤사이 추적추적 가을을 보내고
겨울을 부르는 비와 함께
먼 산봉우리에 흰 눈이 곱디고운 단풍위에 내려앉고
눈 맞은 소나무 숲이 동양화의 채색으로 정겨웠다
출근할 땐 입으라고 내복과 겨울 잠바를 내놓은
아내에게 잠바만 입으면 되겠지 말을 건네면서도
내복으로 자꾸만 눈길이 가는 것은 어쩌랴

겨울 산

낙엽 진 겨울산은
속 깊은 사내처럼
우직하고 듬직하다

덤불 속으로 내려앉은
산새들도 입을 낮게 연 채
산의 품에 안겼다

어쩌다 눈 쌓인 소나무가
짓눌린 무게를 이기지 못해
비명을 지르며 적막을 깰 뿐

응달에 쌓인 눈 녹고
골짜기 얼음 풀릴 제면
수목들도 기지개를 펴겠지

고요를 품고 잠든 산은
봄을 기다리며
푸르름을 꿈꾸고 있겠지

12월에는

춘하추동
삼백예순날로 살아온 한 해가
짧지만은 않은데 돌아보면
이루지 못한 게 많아 아쉬움이 많다

차가운 동토의 지대
뿌리 깊은 곳에서부터
꿈을 키운 생명들은
일 년을 살아온 증거로
나이테 하나를 만들었다

우리 작은 가슴들이 더욱 움츠려지는 계절
새해 달력 돌돌 말아 옆구리에 끼고
종종걸음으로 집을 찾아가는 것은
새해 소망 하나 벽에 걸고 싶어서일 거다

분기마다 중간 결산을 하듯이
12월에는 중간보고서 말고 한 해를 결산하자
작지만 작지 않은 우리 삶에
나이테 같은 발자국 하나 남기고 살자

4부 복제 인간

복제인간

지금이야 별것 아니지만
열쇠를 복제하는 것을 보고 놀란
촌뜨기 초보 서울 시절이 있었다
연극배우는 슬픈 감정이 고조되면
눈물을 흘린다고 하고
눈 건조증이 생긴 환자에게는
인공 눈물을 넣어주는
의술이 돋보이는 세상

복제 양이 태어나 세상이 떠들썩하더니
슈퍼 소가 복제되었다기에
쇠고기를 실컷 먹을 수 있을까 생각했다
이제는 가족같이 아끼고 사랑하는
고양이나 금붕어까지 복제되는 세상
사람의 체세포와 난자를 인공 배양하는 우리를
하나님은 뭐라고 하실까
우리 중 복제된 인간이 있지 않을까
두리번거리는 세상이 오는 것은 아닐까

책 속의 시간

세월이 빚은 시간
책꽂이에 꽂힌 낡은 책
빛바랜 표지가 무겁다

한 줄 이름을 달고
세상에 나오기까지
얼마나 많은 고뇌의 탈바꿈을 거쳤나

마음을 사로잡던 글들은
한 마디의 언어로 각인되었고
우리는 밤을 새워 읊조렸다

그리움 간식한 마음으로
지나간 세월을 펴보듯
때 묻은 마음을 열어
덮어두었던 책 속에서
잠자고 있던 나를 보았다

빈방이야기

빈방 네모진 벽에는
동판에 모조된 여인상 하나가
마주한 벽을 바라보는지
밤이면 찾아줄 나를 기다리는지
작은 액자에 갇힌 여인상 하나가
내 빈 자리를 지키고 있다

혼자라고 생각할 때도
혼자는 아니지만
둘도 아닌 내 방에는
언제나 웃고 있는
액자 속 여인상 하나가
내 빈 방을 지키고
여인상을 등지면
나 혼자 방을 채우는
외로운 기다림을 이어간다

H형님의 장례식장에서

2년만 더 살았어도 환갑인데
평소 사람 좋아하고 일 좋아했던 H형님
일하던 건설사가 부도가 나 겨우내
공사장에서 일한 품삯을 떼이게 되자
몇 날을 술만 마시다 심근경색으로 쓰러져
112일을 식물인간처럼 살다가 숨졌다

고향 원주에서 밭농사를 천직으로 알고 살다가
소작농사 빚만 지고 아이들 교육이 걱정이라며
한 뙈기 산밭을 처분하여 그 돈으로 공항동 어디에
방을 얻고 낯설고 고단한 서울살이를 시작했다
공장일 생선장사 날품팔이 안 해본 일이 없고
눈썰미가 좋아 목수 미장 기술자가 되었다

H형님의 장례식장을 찾아준 사람들은
고인과 함께 노동을 하던 사람들이 한 패요
큰아들이 다니는 공장 사람들이 한 패였다
큰아들 공장은 시화공단 컴퓨터부품 수출업체인데
12시간 교대 근무를 해서 그런지
하나같이 얼굴이 꺼칠하고 몸매가 마른 게
군더더기 살이란 하나도 없어 보였다
그 날도 교대 근무를 들어가야 한다며
상갓집이면 으레 밤 새워 판을 벌이는
고스톱이나 짓고-땡도 하지 않고

육개장에 밥 말아 소주 몇 잔을 비우고 돌아갔다

한 사내가 내미는 봉투에는 이름 대신
- 일하는 사람들이라 쓰여 있었다
- 일하는 사람들 -
아마 저들의 친목 모임이 아닐까
평소 고인과 희로애락을 함께했을 법한 사람들
시멘트가루와 햇볕에 그을려
피부가 거칠고 주름이 깊게 패여
제 나이보다 몇 살은 더 들어 보이는 사람들이
상가 구석진 자리에서 슬픔을 애써 잊으려는지
잡았다 못 잡았다
이번엔 또 누가 먹었다는 둥 소리를 높인다
세상이 알아주지 않는 끗발을 지금 저 화투판에서 세우며
고인과 마지막 밤을 보내고 있는 줄도 모른다

주인과 나그네

시간의 긴 톱니바퀴를 돌아
세월의 그림자 그 뒤안길에 섭니다

언제였을까
내가 이곳을 처음 찾았을 땐
모든 것이 낯설었고
나는 나그네의 모습으로 짐을 풀었다
그리고 얼마 동안은 이곳의 주인으로
자리를 지켰습니다

수년이 지난 오늘
이곳을 다시 찾은 내 모습은
또 다른 나그네
이방인을 바라보듯 나를 바라보는 주인들
그때 부르던 나의 노래는 막을 내리고
새로운 주인들은 내 귀에 낯선
주제가를 부르고 있습니다
나는 추억 하나를 들추어
노래를 부릅니다
새 주인들이 알지 못하는 곡조로

5월이 오면

뜰 안 가득 맴도는
라일락의 향내도

창 밖에 그려지는
들꽃들의 합창도

꽃잎 타고 나르는
벌 나비의 몸짓도

앞산과 뒷산으로
번지는 연록의 물감도
나는 몰랐네

5월이 오면 나는 말하리라
슬픔에 찬 4월에게
희망의 노래로

진고개 신사처럼

서울 한복판 명동
그 명동에서 충무로로 가는 길
그곳 사람들을 진고개 신사라고
대중가수는 노래했다

언제부턴가 진고개 명동성당에는
쫓고 쫓기는 사람들이 모여들어 진을 치고
성당의 문 하나를 사이에 두고
차가운 시선으로 마주섰다

시대의 아픔을 넘지 못하는
현실의 벽 하나를 사이에 두고
자고 깨는 삼백예순날
이어지는 긴장

21세기 한국의 소도*
담 안의 아빠와 담 밖에 아빠들이
진고개 신사처럼
미련 없이 담배 연기 내뿜으며
고갯길을 내려올 날은 언제일까

* 소도는 삼한시대 하늘에 제사를 지내던 성역. 죄를 지은 자가 소도에 몸을 의탁하면 정치적 힘이 미치지 못하던 갈등완화 지역이다.

단수 소동

가두방송을 하는
동사무소 차량이
단수가 된다며
골목을 누비고 지나갔다

아침에는 머리도 못 감은 채
고양이에게서 배운
세수를 하고 출근을 해야만 했다

그릇마다 받아 놓은 물을
쓰는 하루가 길기만 했고
2010년이 되면 물 부족국가가 된다는
예고편이 아닌가하는 생각에
돈 쓰듯 한 물과 물 쓰듯 한 돈의
함수 관계를 떠올리며
한 컵의 물을 다 마시고도
목이 말라오는 갈증을 느꼈다

길

산으로 가려고 산길을 내고
들로 가려고 들길을 냈다
아버지 나뭇짐 따라 산길이 났고
어머니 광주리 임질*하며 들길이 났다
막히면 뚫고 굽으면 펴듯 만든 길
30년 전 내 자란 고향에 가니
낯선 외지인이라며 찾아간 손에게
사유지 운운하며 길 막고 선자가 있다면 들으라
이 길은 옛날 옛적 우리 할아버지 재 넘던 길
아버지 나뭇짐 오가던 길
우리 동무들 오줌 누고 똥 누고
지나던 길인 것을 모르고
경운기 자동차 끌고 오르려고
어린 애기똥풀 뭉개고 닦아 논 길이라고
천하에 어느 누가 이 길을 막고 섰느냐
막히면 뚫고 굽으면 펴듯 달려간 길을 아느냐

* 임질: 물건을 머리 위에 이는 일

늦가을 거리에서

얼마 남지 않은 가로수 잎새가
거친 음색으로 울다가
길가에 떨어진다

회색 벽돌집 늘어선 담벼락엔
구인포스터 몇 장이
상처를 드러내며 바람에 떨고

하늘은 짙은 호흡으로
구름을 일으키고
이곳저곳을 두리번거리는 사람들은
늦가을의 시간처럼 바쁘기만 하다

아스팔트 위를 달려가는
자동차 행렬은 저마다 목적지가 있는데
이 거리에 선 나는
돌아갈 곳이 없다

노동

외줄에 몸을 매고

20층도 넘는 빌딩에서

하루 종일 건물 유리창을 닦는 사내에게

무섭지 않느냐는 물음에

우리 다섯 식구 입이 무섭고

큰 아이 학원비가 무섭고

작은 아이 치료비가 무섭다는 그에게

노동은 신선한 것이라고

노동은 즐거운 것이라고 한다면

나의 노동은 돈과 맞바꿀 단 하나 나의 무기일 뿐

우리 식구 목숨은 매일 외줄 타기를 한다 하오

휴식

지금 그 자리에서
눈을 감고 주먹을 펴세요
앞지르는 사람도 뒤따르는 사람도
의식하지 말고
조금 길게 심호흡을 해보세요

솟구치는 막대그래프의 높이가
쉴 새 없이 뛰어야 살아남는
영업의 실적 능력의 척도지만
오늘 만은
골목길을 걸어오는 아이들의 키쯤으로
울 너머 새끼줄을 휘감아 오르는
나팔꽃의 줄기쯤으로 생각하세요

긴 나무 의자 한쪽을 비워 놓고
모르는 사람이 다가와 앉기를 청하거든
언제든지 예라고
오늘 만은 비무장 지대에 서있는
당신의 모습을 보고 싶습니다
과거의 어느 날
푸른 하늘을 바라보며 웃음 짓던 당신의 모습을

놀이터

누가 크다 누가 작다 할 것도 없는
고만고만한 놈들이
아기자기 늘어선 기구들 사이에서
저마다의 놀이에 취해
오르고 내리기를 연발하여
서로가 뒤엉키어도
놀이가 정지되거나 흥이 깨어지지 않는다

모래 놀이를 하는 아이들 사이로
술래잡기 하는 아이가 달려가고
술래잡기를 하는 아이들 속으로
구슬치기 하는 아이가 끼어들어도
아이는 아이대로 모래놀이를 하고
또 아이는 술래잡기를 한다

그네를 구르고
철봉에 기어오르고
울다가 웃고 웃다가 울고
높지 않은 격자 울타리 속 놀이터에는
어두운 저녁이 오기까지
아이들의 천국으로 문이 열려 있을 것이다

연꽃

질퍽한 뻘 속에
생명의 젖줄박고
물속과 물 위를 오가며
탁류를 거스르는 호흡으로
줄기 하나 곧추세워
하늘 향해 꽃을 피우니
커다란 꽃송이 어디서
은은한 향을 발하는 것 같다

디지털과 돼지털

전화를 걸면
감동을 드리는 이명준입니다 라고 하던 친구가
어느 날부터인가
디지털 LG 이명준입니다 하고 전화를 받는다
처음엔 무슨 뜻인가 했는데
다가오는 디지털 시대에 시장을 선점하려는
기업의 의지를 담은 인사말이었다
문득-돼지털이 무슨 말이냐고 하던 어느
전자회사의 카피가 생각났다
아날로그 시대가
쟁기질하던 농부의 손에서
고기 잡던 어부의 뱃놀이에서
시장 한편 대장간의 망치질 소리에서
우연처럼 시작되었다면
디지털 시대는 높은 울타리 안
타인의 출입을 엄격히 제한한 연구실에서
소리 없이 잉태하여
몇 백 번 몇 천 번의 산고를 치른 뒤
태어나고 있다고 할까
나이든 사람이 10년을 젊게 사는 법에
디지털을 두려워말라는 글을 읽었다
이제 태엽을 감아주던 시계는 박물관에나
가야 만날 수 있게 되었고
세상 모든 것이 디지털이 되어가는 사이

우리 육체도 어느 사이
디지털로 바뀌어 가고 있는 것은 아닐까
야릇한 생각을 하면서
우리가 알든 모르든
우리는 디지털이라는 문명에
길들어져 가고 있고
그 속 단맛을 느끼며
살아가고 있는 것만은 분명해졌다

새 계절이 돌아와

기다리지 않은 새 계절이
내 앞에 와 있고
준비 없는 삶은
그 한 가운데에서 방황한다

뜨거웠던 여름 햇살은
코스모스를 피웠고
그 코스모스의 가을은
곧 겨울을 부르겠지
그래서 숨 막힐 듯 힘겨웠던
폭염의 지난여름마저도
아쉬워지는 걸까

할 수만 있다면
시간의 발목을 묶어
내 그림자 뒤로 던지고
나는 앞으로 앞으로 달려가고 싶다

술타령

용기도 만용도 없이
겁쟁이처럼
목젖을 후벼 파는
술을 마셨다

술을 마시지 않고서는
견딜 수 없어
가눌 길 없는 술을
변명처럼 마셨다

차라리 소리라도 질렀다면
아니 설쳐대기라도 했다면
마주하기 역겨워 욕이라도 했으련만

너무나도 과묵하여
점잔으로 인격의 척도를
대변하던 어제의 그를 떠올리며

술값을 올린다면 어떠할까
금주령을 내린다면 괜찮을까
술, 너의 존재에 대해 다시 한 번
유감을 표명하는 바이다

잊어버리자

봄 여름 가을과 겨울로 이어진
사랑의 추억은 잊어버리자

차창 밖에 머물던
홍조 띤 얼굴
그 미소도 잊어버리자

지울 수 없는 밤의 대화
수화기를 타고 흘러나오던
달콤한 목소리도 잊어버리자

꿀맛 같이 달콤했던
사랑의 약속은
모두다 거짓처럼 남발된 부도 수표
일그러진 청춘의 사랑도
이젠 잊어버리자

철없는 사랑의 기억일랑
새봄이 오기 전에 잊어버리자

단종 애사

피다만 꽃봉오리
새벽바람 모진 서리에
떨어져 눕는 꽃잎처럼
산산이 잘렸구나

가슴에 서린 한 높은 산봉우리에 걸려있고
솟는 눈물 강물 되어 흐른다
깊은 밤마다
서쪽 하늘에 걸린 달을 보며 한숨짓고
낯선 땅에서 밤을 지새우는데

꽃 피고 새 우니
해와 달이 갈리는 구나
사계를 보았는가
슬픔 사연을 간직한
영월 땅

두개골은 산화되어
흙무덤이 되어가고
천 년 세월 흐른 뒤에도
그 이름 기억하리 슬픈 단종이라고

부평초(浮萍草)*

그 연못가에 바람이 불면
부평초들이 풀포기 사이로
햇살 한 모금을 마신다
흔들림 없이 살고파 뿌리를 뻗어 보지만
뿌리박고 설 흙 한줌이 없어 떠도는 나날

외환 위기가 몰고 온 경제 한파로
직장에선 월급이 삭감되고
퇴출이 남발될 때
혹 나는 퇴출자 명단 뒤에서
떨고 있지나 않았나
혹 나는 그들과 아무 상관이 없다고
그들을 잊고 살지나 않았나

끝이 보이지 않는 불경기 속에서
적군의 삐라처럼
등기 우편으로 위장한
정리해고 통보서가 집으로 배달돼
사오정이다, 오륙도다
중년의 우리 아버지들이
직장을 잃고 거리에서

* 부평초: 개구리밥이라 부르는 여러해살이 풀. 짧은 뿌리가 있으나 물위에 떠서 살아감.

고단한 삶과 재기의 몸부림을 친다
발붙이고 설 한 줌의 흙을 찾아
이곳에서 뽑혀 저곳으로 뒹굴려도
거친 호흡으로 세상을 살아가는 그들이
춥고도 긴 겨울이 지나면
그 못가에서 푸른 하늘을 보며
노래하리라 희망의 노래를

명절

추석이나 설이 되어야
옷 한 벌을 얻어 입던 시절에
아이들은 평소 맛보지 못했던
음식을 실컷 먹을 수 있었다
그래서 명절을 손꼽아 기다렸을 것이다

더도 말고 덜도 말고 한가위만 같으라는 - 옛말
이젠 일 년 내내 추석 같은 세월이 왔는데도
일 년 내내 행복해 하는 사람은 많지 않다

추석 같고, 설 같은 날들은
애써 격식 갖추고 살아야하는 고단한 날
그래서 어른들은 명절이 싫었던 것이다

그래도 타향살이에 지친 사람들이
그리운 고향을 찾아가는 끝없는 행렬은
추억이 깃든 고향은 예나 지금이나
나를 기다려주고 있기 때문이다

공부

생활의 불편이나 없으면 된다던 공부가
요즘은 사람을 잡습니다
중학교 3학년인 친구 아들은
반에서 2등 했다는데 즈이 아빠 여름휴가 땐
집에 혼자 남아 공부하고
요즘은 시험기간이라 학원에서 자정 넘어 들어와
학교공부 따로 하고 컴퓨터 하다가
2시 넘어 잠을 잔다고 합니다
초등학생은 서너 개의 학원을 다니고
고등학생은 네 시간 이상 잠을 자면
재수한다고 걱정입니다
제비 뽑아 대학가고
착한 놈 먼저 취직하면 좋겠는데
아침마다 하늘에서 이슬 같은 만나를 내려주시고
저녁마다 메추라기를 보내주신다면
없는 애비 허리 좀 펴고 살 수 있을 텐데
우리 아이들 좋아하는 농구도 실컷 하고
주말이면 등산도 함께 가자고 할 텐데
불쌍하고 걱정 많은 이 나라 아이들이
공부의 사슬에서 벗어날 날은 언제나 오겠습니까

그 얼굴에 햇살을

기회의 균등을 찾는 걸까
얼마나 벗어나고 싶으면
속담이 되어
쥐구멍에도 볕들 날 있다고 했을까

애초부터 일류 인생
이류 인생 따로 정해져 있나
일류의 도약을 꿈꾸는 이류에게
기회는 쉽사리 찾아오지 않았다

한 번은 벗어나고 싶다고
한 번만은 비켜가고 싶다고
범보다 무서운 가난을
염병보다 무섭다는 가난을
대물림하지 않으려고
민중들이 외친 한탄의
그 무엇이 있었나
갈망하는 그들에게
언제나 햇살이 가득하여라

귀천(歸天)

흐트러진 몸뚱이 추스려
바람소리 들리는
광야 같은 길을 나섭니다
어둠만 깔려 있는 길
가야할 곳도 모르는데
준비하지 못한 마음
본향으로 돌아가는
나들이가 시작됩니다

그럼에도 한 점 요동치 않는
마음의 편안함은 무엇일까요
이는 체념만은 아닙니다
작지만 또렷한
소망이 있기 때문입니다
내 인생 여정에서
언제나 동행하셨던 그 분이
후미진 길목마다
기다림을 약속하신
그 믿음이 예견될 때
걱정 없는 우주 저편
나들이가 시작될 것입니다

야간열차

야간열차가
칠흑 같은 어둠을 뚫고
차가운 철길 위를
뜨겁게 달아 오른 심장을 안고
밤의 깊이만큼 어두운 공간을 달린다
하룻밤 여행에 만족하며 사라질
이름도 얼굴도 모르는 사람들을
저마다의 목적지에 나르기 위해
이 밤도
기적을 삼키며 달려가는 열차는
새벽이 올 때까지 길 위에 멈추지 않는다

돌쟁이의 호기심

외출에서 돌아오면
이제 막 걸음마를
시작한 딸아이가
와이셔츠 주머니의 것들을
하나씩 끄집어낸다

언젠가 시골장터에서
점괘를 물어내던
할머니의 새처럼 하나씩

볼펜을 꺼내고 핸드폰을 집어내고
지갑을 빼서 신용카드를 던지고
면허증을 보다가
천 원짜리 만 원짜리를 날린다
무장해제를 당한 나는
성급히 흩어진 것들을
주섬주섬 주어들고 안도한다

햇살 가득한 쥐구멍

2007년 12월 10일 초판 인쇄
2007년 12월 15일 초판 발행

지은이 | 전명길
회원번호 | 197-12-651426
펴낸이 | 박종수
펴낸곳 | 태평양저널
주　소 | 서울특별시 영등포구 신길5동 339-119
전　화 | (02) 834-1806
팩　스 | (02) 834-1802
등　록 | 1991년 5월 3일(제03-00468)

정가 6,000원

* 잘못 만들어진 책은 바꾸어드립니다.

* 이 책의 출판비 일부는 안산시 문화예술진흥기금을 지원받았습니다.